# DES MOYENS

## DE PRÉVENIR ET DE SOULAGER

## LE PAUPÉRISME.

1.°

# DES MOYENS

### DE

# FAVORISER L'ASSOCIATION

#### ENTRE LES PROLÉTAIRES DE LA MÊME PROFESSION,

## ET RÉFUTATION DE TOUS LES SYSTÈMES

#### SUR LE PROLÉTARIAT.

2.°

## ORGANISATION DE LA CHARITÉ PUBLIQUE

#### OU

DES INSTITUTIONS PROPRES AU SOULAGEMENT
DE L'INDIGENCE.

### Par Joanny BONNETAIN.

* * *

**A MACON,**

De l'Imprimerie de Dejussieu, rue de la Barre, n.° 1.

—

**1851.**

# PRÉFACE.

*Réfutation des 6 écoles qui veulent s'emparer de la société. — Les 3 écoles politiques qui veulent s'emparer de la société sont : 1.° le monarchisme pur; 2.° le monarchisme tempéré; 3.° le fédéralisme. — Les 3 écoles économiques qui veulent s'emparer de la société sont : 1.° le fouriérisme; 2.° le communisme; 3.° le pondérantisme. — Défense de la société et de sa Constitution. —, Dangers provenant du despotisme militaire et du terrorisme.*

Mettons hors de cause les principes, les conditions de sociabilité qui sont obligatoires pour tous, savoir : la famille, la société, la religion, la propriété et l'Etat.

Cela fait, constatons la situation sociale.

Cette situation, quelle est-elle? Au point de vue des éléments de civilisation, il est évident que, par la puissance de la religion, des beaux-arts, de la science, des lois, des forces industrielles et des institutions démocratiques, il est possible, facile d'exhausser le niveau de la civilisation.

Au point de vue de la propriété, l'unité démocratique existe; car, quel est l'homme qui ne possède un morceau de terre, un outil, un dépôt dans les caisses d'épargne, une action de rentes, ou une force capable d'acquérir?

Au point de vue du droit, l'unité existe pleinement; et, on ne peut se défendre d'un sentiment de fierté en contemplant l'unité religieuse, l'unité administrative, l'unité de langue, l'unité de lois, l'unité civile, l'unité politique; malheureusement on semble ignorer combien il a fallu de sacrifices, d'efforts, de dévouements, d'événements historiques, d'expansion, pour conquérir une semblable situation sociale. Cette unité veut la République.

Au point de vue de l'organisme, l'unité laisse peu à désirer : l'organisation de l'Etat est rationnelle; et, nos fonctions publiques, l'armée, le clergé, l'ordre judiciaire, le corps enseignant, nos administrations centrales, nos services de l'enregistrement, des percepteurs d'impôts, des percepteurs des postes, des contributions indirectes, marchent avec régularité.

Mais, ce qui caractérise notre situation sociale, ce sont ces trois faits principaux : L'égalité civile et la destruction de la féodalité, l'égalité industrielle et la destruction des corporations, l'égalité politique et la destruction des monopoles électoraux.

La République ,n'est autre chose que l'*organisme* de cette situation sociale.

La Constitution est d'accord avec la société pour consacrer ses droits, ses intérêts, et pour faire marcher la civilisation générale.

Il importe de réfuter les 6 écoles qui entravent le mouvement civilisateur, ou qui conçoivent les conditions de sociabilité à un point de vue exclusif :

1.º Le monarchisme pur dit que la société doit lui appartenir, et pourquoi? Que prétend-il faire?

Le monarchisme pur est la négation de la souveraineté, des libertés publiques, de l'enseignement démocratique et de l'égalité politique. C'est en vain qu'il dit à la société : « Sans moi, tu n'as point d'autorité, point d'ordre, point de progrès. » On lui répond : En théorie, une société s'appartient et ne dépend point d'un homme. En fait, la France a été gouvernée par bien des dynasties usurpatrices, les unes par rapport aux autres, par bien des gouvernements, par des politiques qui ont varié selon les temps. Tout en reconnaissant que la royauté a travaillé à la destruction de la féodalité, elle n'y a pas coopéré seule; tout en reconnaissant que la royauté a travaillé à l'unité centrale, à l'unité territoriale, il est juste de dire aussi qu'elle est devenue ennemie le jour où il a fallu organiser la force politique de la *souveraineté*, car elle ne pouvait pas se suicider. En fait, la France a vu passer la dynastie Mérovingienne (481), la dynastie Carlovingienne (752), la dynastie Capétienne (987), la 2.ᵉ branche Capétienne des Valois (1328), la 2.ᵉ branche des Valois, maison d'Orléans (1498), la 3.ᵉ branche des Capétiens (1589); elle a vu passer la monarchie de Louis XVI, la Constituante, la Législative, la Convention, le Directoire, le Consulat, l'Empire, la monarchie constitutionnelle de Louis XVIII, de Charles X, la monarchie de Louis-Philippe; et, que faut-il en conclure? Et quelle est la politique que l'on invoque, que l'on voudrait pratiquer dans les circonstances actuelles? Est-ce la politique de Clovis, de Charlemagne, de St.-Louis, de Louis XI, de François I.ᵉʳ, de Louis XIV, de Louis XV, de Louis XVI, de la Constituante, de la Législative, de la Convention, du Directoire, du Consulat, de l'Empire, de Louis XVIII, de Charles X, ou de Louis-Philippe que vous voulez pratiquer? La société actuelle ne veut point de plagiaires. Apprenez à la connaître.

2.° Le monarchisme constitutionnel tempéré voudrait aussi s'emparer de la société, mais que nous offre-t-il? Qu'est-ce qui justifie son ambition?

Le monarchisme tempéré est la négation de la démocratie, de la souveraineté sociale et des institutions démocratiques : il veut bien faire une concession à l'aristocratie, une concession aussi à la bourgeoisie, il veut partager la puissance législative avec les deux forces sociales; mais il y a un antagonisme perpétuel entre les trois, un empiètement permanent, des luttes stériles, un affaissement respectif, et la civilisation reste parquée dans un cadre étroit tracé par l'égoïsme; c'est la cité romaine, moins la tradition familiale.

Ce ne sont pas ces deux écoles historiques qui font courir le plus de dangers à la société, car elles sont nulles; l'école la plus dangereuse, c'est l'école politique du *fédéralisme*.

3.° Au nom de quel principe le *fédéralisme* veut-il s'emparer de la société? Quelle est la base du fédéralisme? C'est la liberté; par conséquent, son but consiste à affaiblir, à détruire l'Etat, l'autorité, l'unité, la centralisation, la vie collective. ·

C'est lui qui demande le gouvernement direct du peuple, c'est-à-dire l'*anarchie;* c'est lui qui demande la suppression du budget des cultes; c'est lui qui demande la liberté d'enseignement d'une manière absolue; c'est lui qui veut une justice rendue par des juges électifs; c'est lui qui veut la suppression de l'armée permanente et la remise des armes entre les mains de chaque citoyen; c'est lui qui veut la suppression des impôts publics et seulement les taxes communales; c'est lui qui veut la fédération des communes, des cantons et des départements, et l'abolition de l'unité sociale; c'est lui qui veut la liberté communale absolue; or, qu'en résulterait-il? Il en résulterait un gouvernement impossible, un clergé se faisant mendiant, un enseignement refusé aux pauvres, une justice rendue avec ignorance, l'oubli des principes de la guerre et la certitude d'une invasion extérieure, le déclin de notre grandeur commerciale, une administration communale pleine de ruines, en un mot, la décadence de la civilisation.

Je répète que le plus grand danger maintenant vient du fédéralisme.

Le fédéralisme, c'est la liberté moins l'*organisme social*, politique, administratif.

Voyez-le dans ses applications, par exemple : sous prétexte de réaliser des économies et dans l'espoir d'affranchir pleinement la liberté, les fédéralistes vous disent : « Supprimons le budget des cultes ; et la religion, les cultes, le clergé, la conscience seront affranchis, et nous aurons encore réalisé une économie de 41 millions. Après, les fidèles, les communes feront ce que bon leur semblera.

» Pour ne plus craindre l'oppression d'aucun pouvoir, supprimons le budget de l'armée permanente presque en entier : Armons les citoyens, et nous aurons réalisé une économie de 3 à 400 millions. Nos soldats seront des citoyens, et rien ne fera plus ombrage à la liberté.

» Introduisons le jury en matière civile et correctionnelle, comme il l'est en matière commerciale et criminelle, et nous aurons réalisé une économie de 26 millions, et la société sera affranchie d'un pouvoir qui la gêne.

» Que l'Etat disparaisse en toutes choses ! Ainsi, pour établir la liberté d'enseignement, abolissons le budget de l'instruction publique, les individus et les corporations se chargeront de donner l'enseignement avec concurrence, avec rivalité ; ils se feront payer directement ; la liberté sera affranchie du contrôle de l'Etat, et nous aurons réalisé une économie de 26 millions. Les chefs de famille seront libres de faire instruire leurs enfants comme ils le jugeront convenable. »

Le budget des travaux publics s'élève à 150 millions. Les fédéralistes nous disent : « Tranchons des adjudications en faveur des compagnies concessionnaires, des individus qui voudront se charger de l'exécution des travaux, moyennant des redevances, des primes, des années de jouissance.

» Après ces immenses économies réalisées, remettons des titres de créances, remboursables dans l'espace de vingt ans et par vingtième, chaque année, aux créanciers de l'Etat qui touchent au budget 3 à 400 millions de rentes annuelles, et nous aurons affranchi le budget. »

Encore une fois, il en résulterait la décadence de l'Etat, l'anarchie, l'abandon des classes malheureuses, le délaissement des destinées de la démocratie. En effet :

La justice serait rendue avec ignorance, vénalité. Et quels sont ceux qui voudraient renoncer gratuitement à leurs travaux pour exercer des fonctions judiciaires ?

Les sectes hostiles à la démocratie s'empareraient de l'enseignement ; on en ferait un objet de marchandise au rabais : les riches recevraient de l'instruction, et le pauvre peuple en serait privé.

Si l'on supprimait le traitement du clergé, le clergé n'existerait pas, ou il se ferait mendiant. Accueilli convenablement dans une localité, ailleurs repoussé, il recevrait plus d'argent directement des fidèles qu'il n'en touche par l'intermédiaire de l'Etat.

Si l'Etat renonçait aux travaux publics, et rayait son budget à cet égard, ils ne s'exécuteraient pas, et, pour ceux que l'on ferait exécuter, les compagnies, les individus réaliseraient les bénéfices que l'Etat obtient maintenant dans l'intérêt de tous les membres de la société.

Après la suppression de l'armée permanente, de ses cadres, de sa science, la France subirait bientôt l'ascendant des armes étrangères ; elle se verrait conquise et appauvrie ; et alors, plus de mâle puissance, plus de grandeur nationale, plus de vertus militaires, plus de force centrale pour faire régner la loi et pour ramener à l'ordre général les forces individuelles anarchiques.

La garde nationale elle-même dédaignerait les armes. Et si l'Etat diminuait son budget de la marine et des colonies, on dirait bientôt : La France n'a plus de colonies, plus de puissance sur les mers, plus de commerce extérieur.

Ce système, pour être conséquent avec lui-même, doit vouloir la souveraineté absolue de chaque commune ; d'où il suit que nous tomberions complètement dans l'anarchie, dans les petits gouvernements locaux, sans grandeur, tracassiers, et discordant avec l'ensemble.

Je professe ici une vérité de la plus haute importance. Il existe des esprits qui ne comprennent pas *l'organisme,* pour lesquels l'organisme semble nuire à la liberté. C'est une erreur. Pour avoir méconnu cette vérité, on a menacé la société d'une dissolution. L'organisme créé, ce n'est pas une raison pour avoir une religion d'État, pour décréter un enseignement de l'Etat, pour avoir un état administratif sans liberté, une justice de l'État.

Il faut bien reconnaître que le salaire de l'armée n'altère pas son courage, sa dignité, sa gloire ; de même que le salaire du clergé n'altère pas sa conscience, sa liberté et sa foi ; de même que le salaire du juge n'altère pas sa conscience, sa raison judiciaire, sa dignité ; de même que le salaire de l'instituteur ne nuit pas à la propagation de la vérité, à l'indépendance de l'enseignement. Au contraire, le paiement fait par l'Etat constitue le moyen d'affranchir chaque classe de fonctionnaires. Unité, liberté, organisme.

4.º L'école des *intellectualistes,* des *volontairiens,* est celle qui fait le plus de mal à la société.

L'égoïsme et le matérialisme sont une des plaies de notre siècle ; ils découlent de cette école sans conscience, sans réalité pour base de sa vie. C'est l'école de toutes les usurpations, de tous les égoïsmes glorifiés, de tous les arbitraires ; pour elle, rien n'est obligatoire. Le pouvoir n'est qu'une affaire d'escamotage et de succès. — La religion n'est qu'une forme, à l'usage des préjugés prolétaires. — Le droit n'est qu'une idéologie vaine. — La souveraineté sociale n'est qu'un mot. — La moralité n'est qu'un amour-propre déguisé. — La démocratie n'est qu'une vile multitude. — La science n'est qu'un ornement et une arme entre les mains de l'aristocratie, et un poison pour le peuple.

Il y a encore d'autres écoles, d'autres systèmes qui produisent l'anarchie dans notre pays.

5.º Est-ce que le *fouriérisme* est capable de conduire la société actuelle au bien ? Il aspire à s'emparer de la société pour la faire entrer dans ses palais féeriques. Au point de vue de cette école, l'Etat ne serait plus qu'une sorte d'arbitrage entre les phalanges. Mais la justice, l'armée, le culte, les travaux publics, l'enseignement, le commerce, le travail agricole, tels que nous les concevons de nos jours, disparaîtraient dans les phalanges. Il est évident que cette école attaque même le principe de l'Etat, de la liberté de la société actuelle, pour laquelle elle n'a que du mépris.

6.º La société est menacée aussi par le *pondérantisme*. Cette école voit que la féodalité industrielle existe ; pour lui résister, elle veut s'emparer de l'Etat et lui faire donner aux faibles les moyens de lutter contre la féodalité. C'est le système qui veut rendre l'État maître de tous les travaux publics ; c'est le système qui a fait surgir les ateliers nationaux, et qui voudrait abuser du crédit en faveur des prolétaires ; c'est un système de centralisation en matière d'économie politique. Pour réaliser son système, ce parti a besoin d'une forme politique, et il est républicain. Mais il a bien tort, car la liberté est son principal ennemi.

7.º Ne savons-nous pas que la société est menacée par le *communisme*, qui n'est qu'un grossier matérialisme, qui aspire à s'emparer du pouvoir pour réaliser l'égalité matérielle, aux dépens de la conscience, de l'histoire, de la justice ? Ne sait-on pas que ce parti voudrait le pouvoir pour frapper, du même coup, l'Etat, la famille, la société, la propriété ?

8.º En présence de ces écoles, vous avez encore le *terrorisme*, qui rêve une Convention, des clubs permanents, le comité de salut public, la guerre à tous les États, l'impôt tellement progressif qu'il aboutirait à une expropriation forcée, graduée, de toutes les fortunes. N'est-ce pas encore un danger pour la société ?

9.° Enfin, vous en conviendrez, pour sortir de cette anarchie, n'avez-vous pas l'école militaire, qui rêve le despotisme, qui ferait reculer la civilisation de dix siècles, qui abrutirait toutes les forces morales, intellectuelles du pays, sans accomplir aucune réforme ?

La vérité est dans l'école démocratique, qui reconnaît des vérités obligatoires : la société, la famille, la propriété, la religion, l'autorité, l'égalité civile, l'égalité politique, les libertés publiques, les réformes à réaliser, au point de vue de la civilisation générale.

A quelles anarchies la société n'est-elle pas exposée ? Le monarchisme pur, le monarchisme tempéré, le fédéralisme, le communisme, le pondérantisme, le fouriérisme, le terrorisme, le despotisme militaire, ne sont-ils pas en état de conspiration permanente ? Se passe-t-il un jour, un seul, sans qu'ils n'attaquent la République, ses moyens de progrès, ses réformes promises ?

Malheur à la société, si elle tombait entre les mains d'un de ces partis !

Au milieu de ces anarchies, où se réfugier ?

Dans le cœur du peuple, pour lequel le travail, l'ordre, la propriété, la famille, la société, la religion, l'égalité civile, la patrie, l'égalité politique sont des vérités obligatoires. Le mal n'est pas dans la forme politique ; il est dans l'ordre intellectuel, et, pour le guérir, enseignez la vérité ; il est dans l'ordre économique, et, pour le faire disparaître, secondez les associations, organisez le crédit ; il est dans l'ordre moral, et, pour l'effacer, développez la moralité par l'instruction, le bien-être, la liberté ; il est dans l'ordre politique, alors opposez énergiquement la Constitution à tous les révoltés.

Nous sommes en pleine anarchie, à cause de la présence de tous les partis que nous venons de passer en revue ; nous y sommes parce que l'on n'a pas la *réalité* de la République, on n'a réalisé aucune réforme. De deux choses l'une, il est temps que l'anarchie cesse : il faut ou sortir de la République au nom d'un droit, d'un intérêt permanent que la civilisation avoue dans l'intelligence de tous, ou rester dans la République et la posséder en réalité, en institutions, en réformes. Mais où est donc le droit, l'intérêt à invoquer contre les principes qui ont triomphé dans la Constitution ?

Voilà notre situation sociale ; elle est bien plus forte que tous les anarchistes, fussent-ils coalisés.

1.º Nous avons l'égalité civile, depuis la destruction de la féodalité ;

2.º L'égalité iudustrielle, depuis la destruction des corporations ;

3.º L'égalité politique, depuis la destruction du monopole électoral.

La forme politique ne peut et ne doit être que l'organisme de ces trois faits sociaux.

Ah ! je fais un vœu du fond de mon cœur : c'est qu'au milieu de tant d'anarchie, notre patrie puisse grandir en évitant de nouvelles révolutions.

Nous sommes dans une période d'organisation, de constructions nouvelles. Les questions du prolétariat et du paupérisme ont été étudiées par les philosophes, les économistes et les hommes politiques.

Dans ce sens, nous avons vu des tâtonnements, des essais infructueux, des tiraillements, des erreurs et des choses vraies.

J'ai aussi formulé, à cet égard, quelques idées.

Les esprits droits apprécieront les motifs qui me font agir. Je ne tiens nullement à l'estime de ceux qui veulent rester dans l'anarchie et dans la misère, ou de ceux qui méditent de jeter la société dans le moule d'un système typique.

*P. S.* Que dit l'art. 13 de la Constitution ?

« La Constitution garantit aux citoyens la liberté du travail et de l'industrie.

» La société favorise et encourage le développement du travail par l'enseignement *gratuit, l'éducation professionnelle, l'égalité de rapports entre le patron et l'ouvrier, les institutions de prévoyance et de crédit, les institutions agricoles, les associations volontaires,* et l'établissement par l'Etat, les départements et les communes, de *travaux publics* propres à employer les bras inoccupés ; elle fournit l'*assistance* aux enfants abandonnés, aux infirmes et aux vieillards sans ressource et que leurs familles ne peuvent secourir. »

C'est un but que tout gouvernement doit se proposer d'atteindre : Cherchons de bonne foi, et nous trouverons.

DES

# MOYENS DE PRÉVENIR ET DE SOULAGER

# LE PAUPÉRISME.

## PREMIÈRE PARTIE.

### CHAPITRE I.er

*Comment la question du prolétariat doit-elle être posée? L'Etat peut-il et doit-il contribuer à la formation des associations industrielles?*

Vous dépensez, chaque année, 3 à 400 millions pour l'armée, et il n'en reste pas vestige au bout d'un an. Il ne faudrait que 200 millions pour commanditer les associations industrielles sérieuses, constituées légalement, et ces 200 millions, loin d'être dépensés chaque année, resteraient pour toujours la propriété mobilière de l'Etat, et fonctionneraient dans le même but.

Le décret du 5 juillet 1848, qui reconnaissait cette nécessité et qui ouvrait la carrière, était ainsi conçu : « L'Assemblée » nationale, voulant encourager l'esprit d'association, sans nuire » à la liberté des contrats, a adopté le décret dont la teneur » suit : Article 1.er Il est ouvert au ministère de l'agriculture » et du commerce un crédit de 3 millions destinés à être répartis » entre les associations librement contractées, soit entre ouvriers, » soit entre patrons et ouvriers. — Article 2. Le montant de ce » crédit sera *avancé*, à titre de *prêt*, sur l'avis d'un conseil » d'encouragement formé par le ministre (par la loi), et aux » conditions réglées par le même conseil.—Article 3. Le compte » annuel de la répartition du crédit sera présenté à l'Assemblée » nationale, avec un rapport raisonné du conseil d'encourage- » ment sur le résultat des associations auxquelles s'appliquera » ce crédit, pour être soumis à l'examen d'une commission

» spéciale. — Article 4. Les contestations entre les membres de
» ces associations, qui profiteront du crédit, seront portées
» devant le conseil des prudhommes. — Article 5. Les avances
» autorisées par le présent décret seront *indépendantes des ins-*
» *titutions de crédit* qui auront pour but de favoriser le travail
» agricole et industriel. »

Mon système n'est que le développement et la régularisation
de l'idée formulée par l'Assemblée Constituante.

L'intervention de l'Etat est nécessaire, indispensable dans
l'intérêt de la civilisation, et pour l'exhaussement de la classe
*prolétaire.*

Car, il n'existe que deux perspectives :

Ou bien le monde industriel se développera comme en
Angleterre, et alors nous verrons en France une aristocratie
industrielle, riche, puissante, salariant des masses d'ouvriers
au jour le jour ; et, de l'autre côté, nous verrons cette masse
prolétaire, de plus en plus nombreuse, végéter, souffrir, et la
France, comme l'Angleterre, sera obligée, un jour prochain, de
lui donner, comme l'Angleterre, 150 à 200 millions, sans pouvoir
même améliorer son sort.

Ou bien, au contraire, le monde industriel se développera
par la puissance du crédit venant aider les associations industrielles contractées entre ouvriers de la même profession, et
alors nous verrons le prolétariat disparaître graduellement ; les
entreprises industrielles seront exécutées, les richesses créées
par des associations de plus en plus nombreuses, et les capitaux
plus généralisés seront mis en activité par des ouvriers associés.

L'économie politique analyse parfaitement ce fait : pourquoi
la politique ne marcherait-elle pas dans le sens de la civilisation
et du bien-être universel de la classe industrielle?

Mais, prenons garde : sur ce chemin même, se trouve un
écueil ; il ne faut rien exagérer. Outrez la mesure, vous produisez,
au lieu d'un bien, un grand mal social. En effet, si l'Etat, par son
intervention avantageuse, excitait à créer démesurément des
richesses de luxe ; si l'Etat attirait, par un appât trompeur, les
ouvriers vers des industries encouragées, tandis que l'agriculture resterait sans encouragement ; si, de plus, l'Etat accordait
aux associations, dont la plupart ne seraient pas sérieuses, du
*papier* ou du *crédit*, sans garantie et sans mesures, véritables
assignats, l'Etat préparerait au pays une immense catastrophe,
et il causerait le malheur de la classe ouvrière elle-même, dont
les misères seraient mises à jour, à l'instant où elle serait privée
du papier factice sous lequel elle brillait en apparence, et ses
misères seraient d'autant plus grandes que les ouvriers se seraient
trop condensés dans le but favorisé par l'Etat.

Ce danger qu'il fallait signaler, nous l'évitons par l'application
raisonnable du système que nous voulons justifier.

Personne ne peut contester la nécessité d'améliorer la situation
des prolétaires.

Par quels moyens?

Il ne faut guère songer, pour ne pas dire point du tout, à l'association entre propriétaires ou entre fermiers. Mais l'association est possible entre ouvriers de la même *profession industrielle.*

Et dans l'ordre économique, la grande question des temps modernes émancipés par la liberté, c'est la transformation du *salariat.*

Pour résoudre cette question on a proposé le *communisme,* le *phalanstère,* les *ateliers nationaux,* la *compression matérielle, la colonisation :* tous ces systèmes sont à rejeter.

L'ordre, les caisses d'épargne, les débouchés commerciaux, le travail, la moralité, l'instruction, la liberté, sont des moyens; nous les voulons, mais nous voulons en outre l'*association* et le *crédit.* Voilà de quelle manière nous posons la question. Et ce moyen *supplémentaire* est bien simple, il est de droit commun et il ne coûte rien, ni à l'État, ni à la liberté, ni aux habitudes; et, cependant, c'est le levier d'*Archimède.*

Voici mon idée :

Je prends mon point d'appui sur l'association des travailleurs et sur leurs *épargnes,* et dans certaines limites, je me sers du crédit de l'État comme levier pour atteindre à un degré de développement;

Sans ce moyen, jamais la classe prolétaire ne s'affranchira.

Voyez l'Angleterre, que de richesses elle crée! et cependant quel croissant paupérisme! C'est son économie sociale qui fait le mal; mais, il faut lui rendre cette justice, lorsque le mal existe, la politique ne recule devant aucun moyen pour le soulager. Comptez ces innombrables institutions de bienfaisance pour toutes les situations et toutes les misères. C'est admirable. Mais, il faut remarquer que, si l'homme et la femme pouvaient se suffire en travaillant, les institutions de charité auraient moins de plaies à panser.

Le sort des prolétaires peut-il être amélioré?

Je le prouverai.

Mais n'attendez pas de moi une idée nouvelle, ou l'exposé d'un de ces systèmes fabuleux, subversifs, gigantesques, qui, pour transformer une situation particulière, ne veulent rien moins que refaire l'homme, la société, le monde entier. Ma proposition se réduit à ceci :

1.º Je demande que l'État encourage la formation des associations entre ouvriers de la même profession; 2.º pour obtenir ce résultat, je demande qu'il fasse intervenir la puissance de son crédit en leur faveur, dans des limites sages et déterminées. Il n'y a là ni système, ni injustice, ni imprudence, ni arbitraire, ni gaspillage, ni nouveauté, ni pensées subversives.

# CHAPITRE II.

## *De la méthode à suivre.*

Dans une question aussi vaste, aussi délicate, etpour rendre mes idées plus claires et plus compréhensibles, je dois suivre une méthode, indiquer un plan.

Cette méthode consistera 1.º à exposer le fait social, le prolétariat, les causes qui l'engendrent; 2.º à réfuter les moyens que l'on a proposés pour améliorer le sort des prolétaires; 3.º à préciser le moyen, le système, qui m'a paru propre pour atteindre le but de civilisation ; 4.º à réfuter les objections que l'on fera contre mon système; 5.º à déduire les conséquences sociales, résultant de l'application de mon système, soit par rapport aux prolétaires eux–mêmes, soit par rapport à la société tout entière.

# CHAPITRE III.

## *Qu'est-ce que le prolétariat? Et quelle est la proportion de ce fait social?*

Il est à remarquer que la politique n'a que des questions spéciales à résoudre. Ainsi, l'organisation du crédit, de l'armée, du clergé, de l'enseignement, voilà des questions spéciales ; l'impôt, le commerce extérieur, l'agriculture, voilà des questions spéciales. Il existe un fait nouveau sur la scène politique : c'est le prolétariat ; voilà encore une question spéciale, et des plus graves. Je suppose que les dynasties rejetées, que l'armée voulant le despotisme, que la bourgeoisie rêvant le succès de son égoïsme, que les prolétaires, aigris par la souffrance, entreprennent une révolution contre la République ; quel devoir remplir? Réprimer, conserver la République, et réaliser les réformes, fonder les institutions démocratiques.

## *Nombre des prolétaires capables de former des associations.*

Revenons à notre question spéciale. Le nombre des prolétaires pouvant et voulant s'associer ne s'élève pas à 3 ou 400 mille hommes ; il est vrai que ce nombre d'ouvriers représente plus de 2 millions d'êtres, à cause des femmes et des enfants.

En effet, il faut retrancher toute la classe agricole, comprenant environ 23 millions d'individus. Il faut en retrancher toute la classe commerciale faisant le commerce en gros et en détail, le commerce de transport, et comprenant environ 3,500,000 activités. Puis, toute la classe qui vit de son revenu sans rien faire, et puis encore toute la classe des gens à gages, et puis encore tous les individus qui exercent les fonctions sociales, armée, ordre judiciaire, clergé, corps enseignant, artistes, 2,500,000 activités environ.

Reste donc la classe industrielle. De cette classe il faut encore retrancher, comme ne pouvant pas s'associer : 1.º les femmes ; 2.º les enfants ; 3.º les apprentis jusqu'à l'âge de 24 ans ; 4.º les ouvriers établis dans les campagnes, dans les communes, maçons, forgerons, cordonniers, charrons, charpentiers, menuisiers, plâtriers, tailleurs, etc., qui travaillent seuls, ou bien avec un ou deux ouvriers, avec un apprenti ou deux, 1,500,000 individus environ ; 5.º il faut en déduire les ouvriers qui préféreront ne pas s'associer ; 6.º enfin, il faut en soustraire les ouvriers employés par masses de 400, 1,000, 2,000, 3,000, 4,000 individus, dans les grandes exploitations.

Ces différentes réductions opérées, le nombre des prolétaires aptes à s'associer ne s'élèvera pas à 3 ou 400 mille hommes.

Telle est la proportion du fait social sur lequel nous devons fixer notre attention.

Or, tous ces individus ne se constitueront pas en associations la même année, les associations ne se formeront que successivement ; il est bon de reconnaître ce fait, car il aura de l'influence sur l'étendue du crédit que l'Etat pourra accorder, chaque année, à chaque association.

---

# CHAPITRE IV.

*Définition du prolétariat. — Des causes diverses qui maintiennent l'état d'infériorité des prolétaires.*

J'ai cru devoir ainsi isoler, abstraire, poser la question, pour la rendre plus compréhensible, plus saisissable.

Qu'est-ce que le *prolétariat ?* On entend par prolétariat la situation d'un ouvrier salarié par celui auquel il procure les avantages de son travail. Le salaire est la part qui revient au travail dans la richesse créée ; mais, comme l'ouvrier ne peut pas attendre, il fait un contrat aléatoire et il dit : Donnez-moi telle somme par jour, et je renonce à ce qui peut me revenir dans le produit. Ainsi, il perçoit son salaire sous la forme d'un prix qu'il débat avec celui qui l'occupe.

Quels sont les inconvénients qui résultent de la situation même des prolétaires? Les ouvriers, en restant isolés, peuvent-ils, en général, s'élever dans l'échelle du progrès?

Examinons.

Je rougirais de honte, si je venais déclamer contre un ordre de choses que nous n'avons pas fait, et qui ne peut se transformer que par la volonté, que du consentement des ouvriers pouvant se constituer en associations. Est-ce par la violence? est-ce par l'application d'un système *à priori*, que l'on peut transformer le prolétariat? Assurément, non.

Cependant, il ne faut pas méconnaître les causes qui remplissent de misères les rangs des travailleurs, qui leur empêchent de s'élever, qui les rendent stationnaires.

*Des causes qui maintiennent l'état d'infériorité des prolétaires.*

Si le salaire était tel qu'il doit être, si le prix de la journée représentait exactement ce qui revient à la main-d'œuvre, peut-être l'ouvrier pourrait gagner assez pour se suffire ; alors lui et sa famille ne souffriraient pas. Mais, si nous allons au fond des choses, que se passe-t-il? et que voyons-nous?

Le capital compte sur les besoins des ouvriers forcés de travailler, et il fait baisser les salaires; d'un autre côté, il escompte les chances de pertes pour son industrie, et, pour soutenir la concurrence, il est obligé d'abaisser, autant que possible, les salaires.

Et, dans cette situation, les ouvriers se font concurrence à eux-mêmes; en outre de cela, ils subissent la concurrence des machines que l'on emploie pour accroître la somme de travail et de produits et pour suppléer le travail physique de l'homme.

Bien plus, ils subissent des chômages provenant de plusieurs causes : tantôt c'est le chef de maison qui fait faillite, c'est la mode qui change, c'est l'industrie étrangère qui fait concurrence à nos produits ; les événements politiques ralentissent la consommation, et les ouvriers subissent tous ces contre-coups. Ils souffrent parfois aussi de leur inconduite, d'un trop grand nombre d'enfants.

Enfin, ils sont victimes des maladies, comme les autres mortels.

Ce n'est pas tout : en réfléchissant au mouvement de la population, j'ai été frappé d'une considération.

Indépendamment de toutes ces causes, sachez-le bien, le nombre des ouvriers de l'industrie tend à s'accroître. Pourquoi?

Ce fait mérite que l'on y réfléchisse. En effet, si ce nombre augmente, je ne dirai pas que c'est par ambition, par goût de luxe de la part des ouvriers, qui abandonnent le foyer domestique et le champ paternel pour faire fortune, et avoir, dans la ville, des jouissances de civilisation ; j'attribue ce fait immense à des causes plus sérieuses, plus profondes.

Quelle est donc la raison de cette émigration? Il est facile de s'en rendre compte.

La population augmente. Où donc ce surcroît de population entrera-t-il?

Ce n'est pas dans l'armée, l'ordre judiciaire, le corps enseignant, les fonctions libérales, le clergé; là, tout est limité ou à-peu-près.

Est-ce dans la classe agricole? Pas davantage. Et en voici la raison :

La culture des vignes, des prés à embouches, des bois, n'exige pas un plus grand nombre de bras. Vous savez aussi que le sol, en France, est entièrement approprié; donc, il n'y a pas de terrain à conquérir. Mais examinez, je vous prie, ces deux autres faits : toute la propriété qui appartient à de petits propriétaires est cultivée par eux ; or, s'il naît cinq ou six enfants, un seul suffit avec le père pour faire valoir leur bien : donc, une partie des autres enfants seront obligés d'apprendre d'autres métiers. Quant aux propriétés appartenant à de riches propriétaires, elles sont divisées par fermes, et je ne sache pas que le fermier puisse occuper plus de bras; d'où je conclus que, indépendamment de la population industrielle qui se multiplie elle-même, il existe encore un surcroît de population qui vient se jeter dans l'industrie, parce qu'elle ne trouve pas place ailleurs.

Ce fait, encore une fois, est immense.

Et, quelle en est la conséquence? Elle consiste à faire baisser le salaire par l'augmentation du nombre des travailleurs.

A cela on répond que l'accroissement du capital social, que le développement du bien-être exigent une plus grande somme de travail et que la demande de travail fait hausser les salaires.

En admettant que le développement du bien-être fasse demander à l'industrie une plus grande quantité de produits, en admettant que l'accroissement du capital destiné à la production fasse demander plus de bras, qui nous dit que l'augmentation du nombre des travailleurs ne débordera pas encore?

Au surplus, il est à remarquer que la plupart de ces produits, progressivement exigés, seront obtenus avec la puissance des machines; car, à part les industries *domestiques*, telles que celles du tailleur, du cordonnier, du charpentier, du maçon, du plâtrier, du menuisier, etc., la plupart des autres industries feront face aux progrès des demandes, en augmentant faiblement la somme de travail physique à demander à l'homme, en employant les machines.

Dans cette situation, quel est l'état matériel et moral des ouvriers, des prolétaires? Quelle est leur perspective d'élévation?

Ils vivent d'un salaire réduit, flottant, incertain; exposés aux grèves, aux chômages, aux maladies, on les voit sans cesse envahis par la plaie du paupérisme. Ils ont en perspective 14 heures de rudes travaux, peu ou point d'économies, l'anxiété de la misère, et pour beaucoup l'hôpital.

Quelle force morale, quelle force de caractère ne faut-il pas à cet homme qui, chaque matin, se dit à lui-même : Si mon bras faiblit, non-seulement je souffrirai, mais encore je verrai les souffrances de ma femme, de mes enfants. On ne comprend pas la grandeur de cet homme toujours aux prises avec l'adversité.

L'ouvrier de l'industrie ne jouit pas des bienfaits du soleil, de la variété des saisons et des travaux, comme l'homme de la campagne ; la plupart des prolétaires sont dépaysés. Véritable population nomade, ils n'ont pas une terre qui les attache, un toit paternel pour se reposer au lieu où ils virent le jour pour la première fois : leur propriété, c'est leur bras ; leur demeure, c'est l'atelier où ils ne sont qu'en passagers. Séparés de la société qui ne fait rien pour eux, chacun d'eux est obligé de débattre le prix de son salaire avec le patron, avec l'écu.

C'est ainsi que leur situation s'offre à nos yeux.

Ce prolétariat qui s'accroît sans cesse, parce que la population industrielle s'accroît elle-même, ce prolétariat constitue la plaie, la tache de nos civilisations modernes. C'est le prolétariat qui prépare à l'Angleterre des révolutions profondes ; c'est le prolétariat qu'il faut élever dans l'échelle du progrès, en lui donnant un levier qu'il ne possède pas.

Les sociétés anciennes n'avaient pas à résoudre ce grand problème. L'industrie manufacturière n'avait pas d'aussi vastes proportions ; le commerce et l'agriculture absorbaient presque la totalité des travailleurs, et le travail avait pour règle l'esclavage, le servage, la guerre qui pille, les colonies lointaines. Tout est changé de nos jours.

En présence d'un fait si considérable, en présence d'une situation qui contient tan d'intérêts moraux et matériels, je demande si la société restera impassible, égoïste, en face de ces masses agglomérées dans nos centres industriels, tels que Paris, Lyon, Lille, Limoges, Louviers, Rouen, Roubaix, Mulhouse, Sédan, Saint-Etienne, Elbeuf, Marseille, et dans nos usines de la Loire, du Rhône, de l'Alsace, des Vosges, du Nord, de Saône-et-Loire ; en face de ces masses toujours voisines de l'état de misère, toujours soumises aux oscillations de l'industrie et de la politique ?

Poser la question, c'est la résoudre. Sortons du domaine des considérations, et indiquons le moyen de progrès.

Mais auparavant, j'ai promis de réfuter les objections, les erreurs dont ce grand problème a été l'objet.

Et je le déclare d'abord : je prête une loyale, une bonne intention à chacun des partis qui a voulu proposer *un moyen* pour améliorer le sort des prolétaires.

Ainsi donc, le prolétariat, nous le connaissons, nous l'avons mesuré ; les causes de ses misères, nous les comprenons, et, de plus, nous sommes tous d'accord sur le but, nous voulons tous l'amélioration du sort des travailleurs salariés, et cependant nous ne sommes pas du même avis lorsqu'il s'agit d'employer les moyens.

# CHAPITRE V.

*Réfutation des moyens proposés pour améliorer la situation des prolétaires.*

Par quels moyens voudrait-on donc améliorer le sort des prolétaires?

Est-ce en donnant de l'ordre, de la liberté, de l'instruction, des débouchés pour nos produits, des caisses d'épargne, de la moralité? ou bien est-ce avec la guerre extérieure, avec la guerre civile, avec les colonies, avec l'abrutissement, avec la force répressive, avec l'organisation du travail par l'Etat, avec le fouriérisme, avec le communisme, ou en donnant brutalement un milliard aux ouvriers?

Je veux combattre et réfuter chacune de ces propositions, je veux planter le drapeau du progrès au-delà, sur une montagne d'où chaque regard pourra le voir flotter, et sur laquelle chacun pourra s'élever sans peine. Hors du droit commun, rien n'est possible avec durée.

Il faut que les institutions aient pour fondement les éléments de la nature humaine et les faits.

On vous dit : Pour améliorer la situation des prolétaires, que faut-il? De l'*ordre*, des *débouchés* pour les produits, de la *moralité* pour l'ouvrier, de l'*instruction professionnelle* pour son art, des *caisses d'épargne* pour ses économies, de l'*éducation intellectuelle* pour ses facultés de l'âme, de la *religion* pour son esprit et son cœur, de la *liberté* pour son travail, des *institutions de charité* pour avoir soin de lui pendant ses jours de malheurs. Oui, il faut tout cela, et quelque chose de plus, un aide, un supplément, un mode de produire, une force qui leur manque : *l'association et le crédit.*

Tant que l'ouvrier se produira isolément et comme salarié au jour le jour, la classe des prolétaires sera couverte de misères et de plaies.

Certainement, l'ordre, la moralité, la religion, les débouchés, l'égalité de droits, les caisses d'épargne, l'instruction professionnelle, la religion, la liberté du travail, l'éducation intellectuelle, les institutions de charité sont des *causes* de bien-être, d'amélioration pour les prolétaires. Mais, avec toutes ces causes réunies, vous n'empêcherez pas la misère et le *statu quo* d'un grand nombre de prolétaires, si vous n'y ajoutez pas le *crédit* et *l'association.* En effet, au point de vue économique, toutes les causes de misères que nous avons précédemment signalées sub-

sisteraient encore pour l'abaissement des salaires et leurs oscillations.

En présence des misères industrielles, certains esprits se
sont dit : Pour guérir le mal, proclamons *l'égalité des salaires*.
Mais l'égalité des salaires est repoussée par les ouvriers eux-
mêmes ! Mais, si l'égalité matérielle existait, il faudrait abolir
la propriété, la variété des aptitudes, des vertus, des facultés,
des fonctions sociales ; il faudrait *panser* l'homme comme un
porc aux engrais.

Pour améliorer la situation des prolétaires, on a dit encore :
*Guerre aux riches*, guerre au capital, guerre aux chefs de l'industrie. Mais c'est dire : Abolissons la propriété. Mais si vous attaquez
le capital, le capital ne fera pas travailler ; et par quoi le rempla-
cerez-vous ? Par des chiffons de papier ? On se moque de ces
chiffons-là. Au surplus, ceux qui possèdent sont les plus forts ;
ils résisteront, les armes à la main. Et que verrons-nous alors ?
Une hideuse guerre civile, qui bouleversera l'œuvre de la production, qui appauvrira les travailleurs en faisant fuir les capitaux, qui ralentira la consommation, détruira les richesses
acquises. Or, comment changerait-on la situation des prolétaires
en les conservant comme salariés et en ne leur donnant ni *crédit,*
ni *association ?*

Mais l'on ose aussi parler de *guerre extérieure* pour améliorer
la situation des prolétaires ! Oui, la guerre, pour jeter sur les
champs de bataille les prolétaires qui deviennent un épouvantail
pour l'aristocratie ! Oui, la guerre, pour défendre, avec le sang
des prolétaires, les richesses des privilégiés ! Et comment pré-
tendrait-on démontrer que, du sein des combats, il peut sortir
des avantages pour les prolétaires ? Mais, pour faire la guerre,
il faut des écus. C'est autant de capitaux de moins qui seront
appliqués dans la sphère industrielle. La guerre ! mais elle brûle
les villes, ravage les moissons, réduit en cendres les monuments
de la civilisation ; elle n'est qu'une bien cruelle nécessité. Au
surplus, la population qui meurt dans les combats était élevée,
elle représentait un capital productif, et elle meurt précisément
au moment où elle aurait pu créer des richesses, et les morts
sont bien vite remplacés. Enfin, comment la guerre extérieure
pourrait-elle améliorer la position des prolétaires en les laissant
dans leur situation de salariés ?

Ou bien, est-ce en fondant au loin des *colonies agricoles* que
l'on penserait pouvoir améliorer la situation des ouvriers salariés ? Erreur. Les colonies auraient-elles le mérite de dépayser,
d'éloigner du sein de la mère-patrie quelques légions de prolétaires, que bientôt le vide qu'ils feraient en partant serait comblé
par le mouvement de la population. De plus, il faut remarquer
ceci : pour coloniser, pour faire voyager et établir au loin une
population nombreuse, avec armes et bagages, il faut des écus.
L'État ou les capitalistes seraient donc obligés d'employer, dans
ce but, de grands capitaux, qui seraient enlevés aux ouvriers et

à la production de l'intérieur ; et, alors, quel changement en résulterait-il pour les ouvriers auxquels on ne donnerait ni crédit, ni association, et un capital de moins ?

Je sais que des insensés ont pensé que, pour résoudre le problème, il suffisait de donner brutalement *un milliard aux prolétaires*. C'est trop ou pas assez. Quand bien même la plupart ne gaspilleraient pas cet argent, qu'en résulterait-il pour eux, si on ne leur donnait ni *crédit*, ni *association?* Sur quatre millions de prolétaires, si on donnait à chacun 365 fr., cela ferait 1 milliard 860 millions. Est-ce donc avec un revenu de 18 fr. 50 c. que chacun pourrait se dire heureux à tout jamais? Et ne faudrait-il pas aussi donner des sommes énormes à toutes les générations entrant dans la carrière? Et ne faudrait-il pas aussi donner des milliards à la classe agricole? Et, de milliards en milliards, n'arriverait-on pas au partage des biens?

Ceux qui n'ont point d'idées, et qui sont heureux, disent : Tout va bien! Et, à tous les symptômes de troubles, de souffrances, appliquons un remède souverain : *la force répressive.*

Sans doute, la *force répressive*, appliquée à maintenir la classe ouvrière dans la misère, peut dompter les attaques matérielles qu'elle commettrait contre la société, mais elle ne change en rien l'état économique de la classe prolétaire ; et plus la classe prolétaire sera nombreuse, ignorante, dénuée, plus la société aura de dangers à conjurer, d'argent à dépenser pour assurer son repos, panser les plaies du paupérisme et réprimer les grèves.

Au surplus, l'ordre obtenu par l'abrutissement du peuple n'est plus possible ; il est tombé comme le paganisme. Le peuple est libre, il a conscience de ses droits, et même il y a disproportion : l'ordre intellectuel est plus développé que l'ordre matériel, que les richesses pour chacun. D'autres esprits, frappés de cet état de malaise de la classe industrielle, ont dit : Pour occuper les bras rejetés par l'industrie privée, pour empêcher les grèves, les chômages, pour maintenir le taux des salaires, l'Etat doit créer des *ateliers industriels nationaux*, et donner du travail, en faisant concurrence aux industries privées. C'est le système du pondérantisme.

Mais, je le déclare, ce n'est là qu'un palliatif. En effet, d'un côté, l'Etat serait dans l'impossibilité de créer autant de genres d'industries qu'il y aurait d'ouvriers à occuper ; et d'un autre côté, il ne modifierait en rien la situation des ouvriers restés au service de l'industrie privée, et les mêmes causes générales qui entretiennent leur degré d'infériorité, de misère, subsisteraient toujours. Mais avec le système que nous proposons, la classe prolétaire s'élèverait avec la triple puissance du travail, de l'association et du crédit. Sans doute, avec ce système de concurrence organisée par l'Etat, il y aurait quelques misères soulagées : cependant la situation des ouvriers n'aurait pas changé ; au lieu d'être salariés par l'industrie privée, ils recevraient leurs salaires des mains de l'Etat, et nul ne peut prévoir tous les inconvénients d'un antagonisme organisé entre l'industrie privée et l'Etat. Que d'erreurs ! on voit encore des hommes qui pensent que l'Etat peut se faire le *régulateur* des salaires, des profits, de la rente, du prix des denrées, des richesses mobilières et immobilières. A ce système qui ne mérite pas même une réfutation, il n'y a qu'un seul mot à lui répondre et le voici : L'Etat ne peut pas se mettre à la place de la nature des choses et de toute la société pour faire mieux. Autant il est impossible à l'Etat de fixer un minimum et un maximum, chaque année, pour le prix des tissus, des soieries, des draps, des toiles, des vins, des grains, des bestiaux, des meubles, des propriétés immobilières, etc., autant il lui est impossible de fixer un minimum et un maximum pour les divers salaires et profits réalisés, avec variété, dans tous les genres d'industrie.

J'arrive aux deux grands systèmes *typiques* qui ont eu la pensée d'asseoir la Société sur de nouvelles bases et de supprimer le paupérisme ; je veux parler du *fouriérisme* et du *communisme*.

Quel moyen le *fouriérisme* a-t-il proposé ? Le fouriérisme commence par supprimer le commerce en gros et en détail qui ne produit rien, n'ajoute rien à la richesse générale, dit-il ; il laisse là nos villes, bourgs, villages, usines, manufactures, ateliers, palais et chaumières : il construit un superbe phalanstère, il y loge les différentes industries, il fait de l'agriculture en grand, il dispose le travail avec attrait, il multiplie les fonctions des travailleurs au gré de leur nature, il fait représenter les mises sociales par des actions, il solidarise les fonctions industrielles et il divise le produit obtenu dans le sein du phalanstère en raison du capital, du travail et du talent. C'est la production opérée par association. Mais quand verrons-nous les phalanstères, les palais harmonieux de l'industrie ? Quand verrons-nous l'homme abdiquer sa personnalité, son foyer domestique, pour faire partie de la phalange ? Jamais, et, en attendant, que ferez-vous donc pour les prolétaires ? Est-ce en critiquant la société actuelle, et toutes les réformes que la sage politique conseille, que vous prétendriez servir la démocratie ?

Le *communisme*, pour supprimer le paupérisme, dépouille tout le monde ; pour réaliser l'égalité, il dit : Point de propriété, point de salaires, point de profits, point de rente, point de liberté. C'est bien là le monastère dans lequel personne ne possède rien. Après avoir supprimé la propriété, comment le communisme fera-t-il travailler ? Et comment distribuer le *de quoi* vivre ? A cet égard, ses idées ne sont pas encore bien arrêtées ; il fera comme dans le phalanstère : ou bien c'est l'Etat qui sera à la tête de toutes les industries, ou bien on se contentera de la commune actuelle, que l'on érigera en communauté. Bêtises, niaiseries. On ne discute pas avec l'impossible et avec l'absurde ; c'est faire trop d'honneur à des stupidités que le peuple ne soupçonne pas même.

Toutes ces combinaisons écartées, que reste-t-il à faire pour les prolétaires ?

Il n'existe plus que deux systèmes en présence : celui qui, ne voulant rien faire, tend à maintenir le prolétariat actuel, et le système qui aspire à améliorer la situation des prolétaires, *en excitant la formation des associations restreintes entre ouvriers de la même profession, et en les aidant avec la puissance du crédit de l'État, dans de certaines limites.*

---

# CHAPITRE VI.

*Réfutation des objections possibles contre le système que nous exposons.*

La simplicité du moyen est évidente ; il suffit de faire ouvrir un crédit, dans les banques départementales, aux associations qui seront constituées, ou bien de leur remettre un papier de crédit au nom de l'État.

Ce projet soulève des objections que je ne veux pas dissimuler; je les prends, je les admets dans toute leur force.

1.º On dira : Pourquoi cette préférence accordée aux prolétaires de l'industrie ? Pourquoi ne pas faire l'avance d'un capital aux associations commerciales et agricoles ?

2.º Et comment l'État pourra-t-il surveiller les associations, faire ses recouvrements, régulariser cette opération ?

3.º L'État a-t-il le droit d'engager ainsi le capital national au profit de l'industrie privée?

4.º La plupart des associations n'offrant point de garanties, sur quoi l'État se fondera-t-il pour être remboursé?

5.º Les inconvénients de cette intervention de l'État seront nombreux. Les associations feront faillite ; elles détourneront les fonds avancés, et chaque associé recommencera, pour son compte personnel, le métier exercé par l'association.

6.º Au surplus, les ouvriers ne sont guère disposés à s'associer. La gestion d'une association offre trop de difficultés, et quel genre d'association voulez-vous favoriser?

7.º Enfin, est-ce donc avec 100 ou 200 millions que l'on peut remettre *les instruments de la production* entre les mains des prolétaires?

En présence de toutes ces difficultés, le mieux à faire est d'offrir nos condoléances aux prolétaires, et de maintenir leur situation actuelle.

Dieu merci, la raison peut lever ces difficultés et faire disparaître ces inconvénients.

Je vais l'essayer, avec le sens commun pour guide.

Cette intervention spéciale du crédit de l'État en faveur des prolétaires de l'industrie peut aisément se justifier. Faisons une remarque. Dans la sphère commerciale, nous ne voyons point de prolétaires. Le commerçant possède son capital; de ce côté, il n'y a à redouter ni grèves, ni chômages; le commerçant fait des spéculations, et les maisons les plus considérables n'emploient qu'un nombre très-restreint de bras.

Dans la sphère agricole, nous ne voyons également point de prolétaires. Il existe trois catégories de personnes : les aides de travaux, les fermiers et les propriétaires qui exploitent eux-mêmes leurs fonds. Le sentiment du petit propriétaire résistera toujours à la forme d'une association. L'association par fermiers, pour exploiter plusieurs fermes, est presque impossible, soit parce que les propriétaires n'y consentiraient pas, soit parce que les fermes sont éloignées les unes des autres, soit parce que les fermiers eux-mêmes ne le voudraient pas; et enfin, ils possèdent un capital suffisant. A plus forte raison, l'État ne doit-il pas intervenir en faveur des propriétaires, parce qu'ils possèdent l'instrument de la production, et parce que, d'un autre côté, les produits agricoles sont en raison de la propriété; d'où il suit que l'on ne peut pas agrandir la sphère de la production. Les artisans disséminés dans les campagnes ne sont pas non plus dans la position de former des associations.

Dans ces deux sphères, nous n'avons pas une masse nombreuse sous la domination du capital. La situation sociale est fixée; nous n'apercevons pas un nombre immense de personnes ne vivant que de salaires, salaires incertains, flottants. Donc, l'intervention du crédit de l'État en faveur des prolétaires de l'industrie se fonde sur de justes motifs.

La difficulté commence avec l'application, et c'est avec pleine raison que l'on se demande comment l'État surveillera les associations, opérera ses recouvrements, régularisera ses opérations de crédit. L'État doit traiter avec les associations constituées, de même que le capitaliste bailleur de fonds traite avec un chef d'industrie, de manufacture, de maison de commerce. La liberté doit être respectée. Je ne reconnais pas à l'État le droit de se faire rendre compte des opérations, des succès des associés. Si l'association ne réussit pas, il interviendra comme créancier.

Rien de plus simple que l'exécution. Lorsque les banques départementales auront été créées, lorsqu'une association se sera constituée et montrera l'*acte public* où l'on aura réglé le but et les conditions de l'association, si elle ne possède pas un capital suffisant, l'État, après enquête faite, dira aux banques : Ouvrez, sous ma garantie, un crédit de..... à cette association, pendant 2, 3, 4 ou 5 ans.

L'Etat, chaque année, cautionnera ainsi des associations jusqu'à concurrence de......, et il lui sera fait état par les banques des sommes payées, remboursées par chaque association.

Pour remplir cette fonction, l'État n'a besoin que de déposer

150 ou 200 millions dans les banques départementales. Chaque association souscrira des billets qu'elle acquittera dans l'espace de 2, 3, 4, 5 ou 6 ans au plus.

Mais, en l'absence de banques, l'opération serait plus difficile.

L'État ferait face aux besoins des associations avec un papier de crédit remboursable au porteur, conversible en argent. Le ministère, par l'intermédiaire de ses agents, ferait exécuter les volontés de l'Etat, et les associations débitrices feraient leurs versements entre les mains des receveurs particuliers et des receveurs généraux. Les opérations s'effectueraient donc ainsi avec régularité. Les demandes de crédit seraient adressées directement au ministre, ou par l'intermédiaire du préfet, appelé, avec l'autorité locale, à constater le *sérieux* de l'association, à motiver son recours au crédit de l'Etat. La loi formera une commission qui statuera *sur les demandes ;* l'Assemblée législative prononcera, après examen.

Où voyez-vous là des impossibilités ? Mais on allègue que l'Etat n'a pas le droit d'engager le capital national au profit de l'industrie privée.

Il est plus économique, de la part de l'Etat, de prévenir le paupérisme que de le soulager lorsqu'il ronge la société, en grandissant sans cesse. Au surplus, élevons la question à la hauteur des devoirs, de la mission de l'Etat, raisonnons par analogie et examinons sérieusement si l'Etat dépasserait son but. Sans doute, les prolétaires profiteraient de cette intervention du crédit de l'Etat ; et pourquoi l'Etat se refuserait-il à produire un avantage immense au profit d'une classe nombreuse de la société, surtout si cet avantage tourne au profit de la société entière et ne lui coûte aucun sacrifice ?

Au surplus, si l'on reproche ainsi à l'Etat un atome de sa puissance engagé pour faire la prospérité d'une classe nombreuse de la société, pour l'arracher, en partie, préventivement aux angoisses de la misère, pourquoi ne lui reprocherait-on pas d'entretenir à ses frais les écoles secondaires, les écoles de droit, de médecine, les académies ? Est-ce que chaque individu profite également de ces institutions ? Pourquoi ne lui contesterait-on pas le droit de donner des primes, d'ouvrir à ses frais des marchés pour le commerce français ? Est-ce que chaque individu en retire directement un profit ? Au point de vue du droit social, voici une comparaison qui fera ressortir le principe : l'Etat a découvert une *machine* qui augmente la production et la distribution des richesses pour la classe prolétaire, dans des proportions immenses ; est-ce un *devoir* pour l'Etat de s'en servir ? Sans doute, d'autant plus que cette machine n'exige point de sacrifices.

Ceux qui sont opposés à ce système se figurent que ces *prêts d'honneur* seront perdus pour l'Etat, que les associations ne rembourseront pas, qu'elles n'offrent point de garanties ?

Il importe de prouver que nous voulons construire sur du roc, sur une base solide, et que nous repoussons loin la pensée de jeter des millions en pâture à la dissipation, à la paresse, à la mauvaise foi. En effet, rien pour les associations non sérieuses ; crédit limité pour les associations approuvées par l'Etat. Qu'est-ce qui produit la richesse ? Le travail. Et qui donc appliqué ce travail ? Le prolétaire. Avec quoi ? Avec le capital nécessaire au phénomène de la production. Eh bien ! nous disons : là où est le travail, là est la richesse créée ; là où est le travail, là est la moralité ; là où est la richesse créée, là doit être l'économie. A cette puissance, nous ajoutons la deuxième, celle du capital, capital que les prolétaires possèdent en partie, ou qu'ils feront valoir avec le crédit de l'Etat. Donc les associations de prolétaires offrent autant de garanties que les chefs d'industrie, et bien plus, puisqu'ils sont la source de toute richesse. Pour soutenir que les associations ne feraient pas honneur à leurs affaires, il faudrait prouver : 1.º qu'elles ne créeront point de richesses au—delà de celles qui sont nécessaires pour leur entretien ; 2.º et qu'elles ne créeront point de richesses au—delà de celles qui sont nécessaires pour couvrir les intérêts du capital. Mais, s'il en était ainsi, il faudrait aujourd'hui même mettre 0 pour produit sur toutes les manufactures, usines, etc.

On pourra dire encore que les associations ne feront point d'économies, qu'elles dépenseront leurs bénéfices. La nature humaine est la même ; les ouvriers feront des épargnes comme les chefs d'industrie d'aujourd'hui : ils feront d'autant plus d'économies qu'ils auront la possibilité de le faire, et qu'ils contracteront l'ambition d'accroître leur richesse et de faire honneur à leurs engagements. Cependant faut-il se faire illusion et prétendre que toutes les associations réussiront infailliblement, que l'Etat n'éprouvera point de perte ?

Nous sommes plus francs, et nous avouons pour chaque année une perte. Mais un banquier doit—il cesser de faire ses opérations parce qu'une maison de commerce fera faillite ? Mais faut-il ne pas ensemencer parce que la grêle enlèvera quelques récoltes ? Des inconvénients ? mais où n'en voyons-nous pas ? Ces riches vaisseaux qui fendent les flots et visitent le monde, faut-il tous les retenir au port, parce que l'un d'eux sombrera peut-être ? Ces puissantes machines à vapeur qui multiplient les forces productives, faut-il les proscrire parce que l'une d'elles fera une explosion fatale ? Et la liberté humaine elle-même n'a-t-elle pas ses écarts ? Faisons le bien, en évitant le mal autant que possible, voilà toute la maxime sociale.

# CHAPITRE VII.

*Application de notre système.*

J'arrive enfin au fond de la question : les ouvriers, dit-on, sont peu disposés à s'associer ; la gestion d'une association offre beaucoup de difficultés, et l'on ne voit pas clairement le genre d'association que l'Etat pourrait, devrait favoriser.

Les ouvriers montreront de l'empressement à s'associer, lorsque l'Etat leur en donnera le conseil, leur en fera l'invitation, lorsqu'il se posera comme l'instigateur de ce fait social, comme *pouvoir médiateur* entre les parties contractantes, et surtout lorsque les prolétaires se sentiront soutenus, élevés, rassurés par la puissance de son crédit. La rédaction du contrat d'association n'offre pas la moindre difficulté ; la gestion des affaires de l'association constituée n'en offre pas davantage. En effet, entre qui l'association sera-t-elle contractée ? *Entre ouvriers de la même profession.*

Quelles conditions pourra-t-on stipuler dans le contrat d'association ?

1.º Il y aura solidarité entre tous ; mais, comme l'association renfermera un trop grand nombre de membres, on stipulera que 2 ou 3 d'entr'eux seront *fondés de pouvoir* pour prendre tous les engagements nécessaires au but de l'association ;

2.º On stipulera que l'association est constituée pour 10, 12, ou 15 ans, etc. ;

3.º Que la mort d'un des associés n'entraînera pas la dissolution de la société ;

4.º Que les salaires, égaux ou inégaux, revenant à chacun d'eux, seront perçus dans la huitaine, dans la quinzaine, dans le mois ou dans l'année ;

5.º Que chaque associé prélèvera l'intérêt de son capital ;

6.º Que les profits seront répartis par tête ;

7.º Qu'une partie des profits, le 1/3, le 1/4, le 1/5, ou le 1/6, ou le 1/7, etc., augmentera la mise sociale ;

8.º Que pendant la durée de l'association, chaque associé pourra augmenter sa mise sociale, si les autres y consentent.

Il nous reste à examiner si la gestion d'une association offre de grandes difficultés. Pour la faire fonctionner, que faut-il ? Il faut ce que vous voyez dans chaque maison de commerce, dans chaque manufacture ; il faut une *comptabilité* bien en règle, une tenue de livres. Voilà tout le mystère. Ensuite, ne vous occupez pas des ouvriers, ils sauront bien faire leurs affaires, ils sauront bien acheter et vendre.

Enfin, on demande : Quelle est la forme et quel est le genre d'associations que l'Etat favorisera ?

Nons répondons : Les associations industrielles. Et il est inutile d'en faire une classification.

Je ne vois point d'autre organisation du travail possible, que cette association de droit commun qui se pratique déjà sous nos yeux, et que je voudrais voir encouragée, soutenue par l'Etat ; je ne vois point de forme organique devant être décrétée par le gouvernement.

Il y a 10, 20, 30, 40, 50, 60, 80, 100, 200 ouvriers dans le même atelier, voilà une association. On ne peut pas organiser les ouvriers comme une armée, et l'Etat ne peut pas se faire chef d'atelier ; il n'a pas à s'occuper de la division du travail et du savoir-faire de chaque travailleur.

Voudrait-on que l'Etat exigeât que les salaires fussent égaux? que chaque associé fît la même mise de fonds? voudrait-on qu'il pondérât toutes les associations, en disant que dans chacune d'elles il y aura le même nombre de travailleurs, le même capital, les mêmes forces productives? Je réponds en un mot, que la nature des choses ne peut pas ainsi être violentée, que les faits sont du domaine de la volonté, de la liberté.

Je crois avoir résolu la question des prolétaires, en principe et dans ses applications. Que nous reste-t-il à examiner, à peser? Il nous reste à bien déterminer l'*étendue* du crédit que l'Etat pourra accorder aux associations industrielles.

Bien entendu que l'Etat devra aussi favoriser les associations industrielles qui voudraient soumissionner l'entreprise des travaux publics.

Jusqu'à quelle somme l'Etat engagera-t-il son crédit en faveur des associations industrielles qui se constitueront? Il est bien évident que si trop de capitaux se dirigeaient vers cette sphère d'activité, les autres branches de la production en souffriraient ; comme aussi, si le crédit de l'Etat était accordé sans discernement et outre mesure, la fortune du pays serait exposée au profit d'une classe privilégiée. C'est à la politique à mesurer le crédit à accorder, en consultant les ressources de l'Etat et les besoins de la classe industrielle.

Le chiffre n'est pas le principe.

Dans l'application, j'ai déjà dit et je répète qu'il faut tenir le budget étranger à cette fonction de l'Etat ; qu'il ne faut pas porter le capital, destiné à fonctionner en faveur des associations, aux chapitres des recettes et dépenses.

A-t-on besoin de 200 millions pour commanditer les associations industrielles? On ne doit pas les demander au budget déjà trop fatigué.

Et que l'on ne dise pas que c'est impossible : on a bien trouvé le milliard des émigrés, le milliard de la coalition, 500 millions pour la commandite des compagnies de chemins de fer. En Angleterre, le budget des pauvres absorbe, chaque année, 145 à 200 millions.

Ces 200 millions seront déposés et co-intéressés dans les

banques. Avec ce capital, l'Etat pourra commanditer des associations industrielles jusqu'à concurrence de 300 millions. Soldats de l'industrie, voilà votre avenir !

Alors, plus de plaintes à adresser à l'Etat ; si les ouvriers ne veulent pas profiter des avantages de leur association, à eux la faute.

Le crédit, avancé par l'Etat, rentrera et servira à aider de nouvelles associations.

Tout est mouvement dans la vie. Nous pouvons bien avoir un *ministère de l'industrie, quand nous avons eu un Dieu de l'industrie, le Christ.*

J'ai dit mon idée.

### Conséquences de cette réforme.

Maintenant, je dois déduire les conséquences de ce fait, soit par rapport à la classe industrielle, soit par rapport à la société tout entière.

1.º La conséquence de cette réforme consistera à augmenter la production générale des richesses dans l'intérêt de tous.

2.º La conséquence de cette réforme consistera à mettre en activité plus de 300 millions de capitaux productifs éparpillés entre les mains des prolétaires qui ne les utilisent pas.

3.º La conséquence de cette réforme consistera à mettre au service du travail industriel, 600 millions de plus chaque année.

4.º La conséquence de cette réforme consistera à augmenter les économies et la moralité de la classe industrielle.

5.º La conséquence de cette réforme consistera à empêcher les grèves, les chômages, pernicieux à la production des richesses.

6.º La conséquence de cette réforme consistera à diminuer la somme que l'Etat est obligé d'affecter, ainsi que les communes et les départements, au soulagement de la misère publique.

7.º La conséquence de cette réforme consistera à donner, aux travailleurs, l'emploi des machines et du capital, à réunir sur leurs têtes *les qualités de travailleurs et de capitalistes.*

8.º La conséquence de cette réforme consistera à leur permettre de toucher l'intégralité de leur salaire : la portion qui était réduite par le capital leur appartiendra.

9.º La conséquence de cette réforme consistera à leur accorder le bénéfice du capital, d'un capital d'un milliard environ, qui sera multiplié par la main-d'œuvre.

10.º La conséquence de cette réforme consistera à répandre l'aisance dans la classe industrielle, laquelle demandera plus de richesses au commerce, à l'agriculture, aux industries.

11.º La conséquence de cette réforme consistera dans l'exhaussement de civilisation d'une classe nombreuse qui se recrute chaque année et s'augmente.

Voilà le levier d'Archimède, c'est à vous de l'appliquer.

*Exemple mathématique des avantages que les ouvriers retireraient
de l'association et du crédit.*

Avec le concours du capital, du travail et du crédit, on a
obtenu un produit estimé 12.

*Voici la répartition :*

Pour le travail. . . . . . . . . . . 5
Pour le capital. . . . . . . . . . . 5
Pour le crédit . . . . . . . . . . . 2
                              ————
Total égal. . . . . . 12

Retranchez 2 pour le capital, vous aurez 7 pour le travail.
Ajoutez les 2 du crédit au travail, alors l'élément travail ob-
tiendra 9 sur 12. Si maintenant vous admettez que les ouvriers
puissent fournir en partie le capital, ils obtiendront encore un
douzième de plus ; de telle sorte qu'ils n'ont que cinq douzièmes,
et qu'ils auraient sept douzièmes par la réduction de l'intérêt,
neuf douzièmes par la puissance du crédit, et les dix douzièmes
en y ajoutant le produit du capital leur appartenant.

Cette appréciation mathématique démontre quel avantage les
ouvriers retireraient en réalisant l'association, en obtenant du
crédit, et en mettant leurs capitaux au service de leurs propres
productions.

Mais indépendamment des associations qui seront secondées
par l'Etat, je ne doute pas que beaucoup d'autres associations
ne se forment, soit dans des proportions plus restreintes ou plus
vastes.

Les associations seront à notre état de civilisation ce que les
corporations étaient par rapport au moyen âge. Et ne croyez pas
affaiblir le principe de la liberté individuelle en le faisant entrer
dans l'association ; au contraire, il se fortifiera.

L'établissement des métiers de Paris, sous St.-Louis, en 1226,
est un monument qui démontre l'organisation des corporations
et la division du travail.

Les corporations ont été supprimées par la liberté, par Turgot
(1776), par la Révolution et l'Empire.

Si elles ont discipliné le travail, leur principe néanmoins
contenait le servage de l'ouvrier, el le monopole du métier. La
longueur de l'apprentissage était une véritable servitude.

Les édits royaux modifièrent plus d'une fois la législation qui
régissait les corporations : ce furent les édits de Charles VI en
1407, de Henri III en 1581, de Henri IV en 1597, de Louis
XIV en 1673.

L'édit de Henri III avait établi une taxe sur les corporations.

Il existe une différence radicale entre une association et une
corporation.

## RÉSUMÉ.

Vous avez dû remarquer que j'ai séparé complètement la question du prolétariat de la question des institutions de la charité publique ; il le fallait. En effet, l'*hygiène sociale* contient le moyen de prévenir le paupérisme, le mal. La deuxième partie est la *thérapeutique* qui applique le remède lorsque le mal est fait.

Le communisme, qui veut reconstituer les monastères antiques sans liberté ;

L'idée phalanstérienne, qui veut placer 1,800 activités dans un riche palais, où toutes les industries seront concentrées ;

L'idée saint-simonienne, qui veut faire diriger les ateliers nationaux par l'État ;

L'idée stupide, qui voudrait donner à chaque activité du papier de crédit, tant qu'il serait demandé,

Voilà autant d'utopies, d'erreurs subversives, d'impossibilités que de systèmes.

Le système que j'ai exposé, consistant à seconder les associations de droit commun par un crédit limité et accordé à des conditions sûres, est le seul vrai.

On s'est aussi beaucoup préoccupé de la règle qui doit présider à la distribution des richesses. Cette règle est d'abord dans les faits économiques ; elle ne découle pas de l'arbitraire, de la volonté :

Il faut suivre ce qui se pratique naturellement.

On doit prélever : 1.º les frais de production ; 2.º l'intérêt du capital ; 3.º les salaires que l'on paiera par jour, semaine, mois ou année ; 4.º et enfin les travailleurs se partagent par tête le surplus : c'est le *profit.*

Ils peuvent aussi stipuler que le quart, le tiers, la moitié, les trois-quarts, resteront dans le fonds commun et grossiront la mise sociale, ou bien qu'une partie sera prélevée pour fonder un fonds de secours entre eux, ou pour faire des économies en dehors de l'association. A cet égard, il n'y a rien à prescrire ; les volontés sont libres.

J'ai donné, aussi simplement que possible, le moyen pratique d'élévation de la démocratie industrielle. Je n'ai pas la prétention d'avoir émis une idée nouvelle, mais j'ai peut-être élucidé la question et réfuté utilement des erreurs dont personne ne s'occupera dans quelques années.

---

Le monde industriel ne peut pas être organisé comme une armée, avec hiérarchie. Les corporations ne constituaient pas une association entre les membres d'une même profession : c'était un ensemble de conditions imposées au compagnonnage, et enfin c'était la limitation du nombre de ceux qui pouvaient exercer tel ou tel métier dans une localité, ce qui constituait un monopole. L'histoire des corporations ne dit pas autre chose.

# DEUXIÈME PARTIE.

—

## CHAPITRE VIII.

*Des institutions et des réformes nécessaires au soulagement de l'indigence.—De l'organisation de la charité publique.*

Un édit de 1656, rendu sous l'inspiration de Colbert, ordonne que les indigents seront reçus dans des maisons de refuge comme *membres vivants de Jésus-Christ,* et non pas comme membres inutiles de l'Etat. Un édit de 1662 ordonne de fonder un hôpital en chaque ville et bourg, pour les pauvres, mendiants et orphelins, qui y seront instruits aux métiers dont ils pourront se rendre capables.

Examiner comment il serait possible d'améliorer le sort des prolétaires-travailleurs, et d'empêcher, par conséquent, la *naissance* et le *développement du paupérisme*, tel a été le but de la 1.re partie de cette brochure : c'est l'*hygiène sociale.*

Examiner comment on devrait *soulager, secourir l'indigence*, lorsqu'elle existe pour une cause ou pour une autre, tel est le but de cette seconde partie de notre écrit : c'est la *thérapeutique sociale.*

C'est bien là la double tâche de la politique, de la religion, de l'industrie et de l'*administration.* En principe, chaque activité est tenue de travailler à sa conservation et à son développement; mais, lorsque cette activité, ou pour une raison ou pour une autre, est dans l'impossibilité de pouvoir travailler à sa conservation ou à son développement, alors il faut bien que la société vienne à son secours.

Ce secours, c'est la charité qui le donne; mais l'individu y a droit.

Qu'est-ce donc que la *charité sociale?* La charité sociale est une vertu publique et privée; elle consiste à donner, à ceux qui ont besoin, des secours de tout genre, des médecins, des conseils, de l'instruction, du travail, des vivres, des habillements, un abri, à ne pas laisser souffrir et périr la créature de Dieu.

Or, le problème à résoudre, c'est de trouver le moyen d'exercer la charité publique le plus efficacement possible, dans l'intérêt de l'humanité, de l'ordre, de la morale, de la justice, et de tous ceux qui en ont réellement besoin.

On ne peut atteindre ce but que par l'établissement d'institutions multiples et variées, s'adaptant à beaucoup de situations,
car tout est complexe dans une société développée.

Il ne s'agit donc pas de ravager la société par le fer et le feu,
il s'agit au contraire de construire.

L'époque actuelle est organique.

1.º Les travailleurs–prolétaires;
2.º Les indigents;
3.º L'armée et la garde nationale;
4.º L'enseignement primaire pour le peuple;
5.º L'impôt à mieux répartir;
6.º Le crédit de l'Etat et les réformes financières;
7.º Les institutions de crédit pour les intérêts privés,

Voilà de grandes questions à résoudre pour la politique.

### *Classification des personnes à secourir.*

Les personnes à secourir doivent être subdivisées en plusieurs
catégories :

1.º Les vieillards nécessiteux.
2.º Les enfants abandonnés.
3.º Les malades n'ayant pas les moyens nécessaires pour payer
les médecins et les remèdes.
4.º Les sourds et muets.
5.º Les aveugles.
6.º Les pauvres ne pouvant pas travailler.
7.º Les travailleurs réduits à des privations momentanées
pour cause de suspensions de travaux, de maladies, d'accidents.
8.º Les personnes atteintes de maladies incurables.
9.º Les fous, idiots, etc.
10.º Les personnes qui ont besoin que des secours complètent
leurs moyens d'existence.
11.º Ceux qui peuvent travailler, mais qui manquent de
travaux.

### *Nomenclature des institutions de bienfaisance qui existent déjà.*

Mais pour soulager toutes ces misères, il existe déjà un grand
nombre d'établissements de charité, de bienfaisance.

Ainsi, on a déjà créé :

1.º Des asiles pour les enfants trouvés, abandonnés après une
faute ou par le sentiment de la misère.
2.º Des crèches pour avoir soin de l'enfant jusqu'à l'âge où il
peut fréquenter l'école.
3.º Des sociétés de charité maternelle pour secourir les mères
en couches.
4.º Des bureaux de nourrices pour le placement des enfants.

5.º Des sociétés de patronage pour protéger les jeunes apprentis.

6.º On a fixé les heures de travail pour les enfants, afin que la spéculation n'abusât pas de leurs forces.

7.º On a créé des colonies agricoles et pénitentiaires.

8.º On a ouvert des hospices pour les sourds et muets et pour les jeunes aveugles.

9.º On a créé des dépôts de mendicité.

10.º On a construit des hôpitaux pour les malades.

11.º On a établi des bureaux de bienfaisance dans les communes.

12.º On a élevé un hôtel des invalides pour les soldats.

13.º On a ouvert des hospices pour les enfants abandonnés.

14.º Enfin, 46 départements possèdent des tours d'exposition pour recueillir et cacher les naissances illégitimes.

*Énumération des réformes que nous proposons.*

Nous allons exposer franchement les réformes que nous proposons pour régulariser et féconder, comme il le mérite, le service de la charité publique. Pour réussir, il faut savoir ce qui est nécessaire et ce qu'il est possible d'accomplir.

1.º Le nombre des hôpitaux et hospices est maintenant de 1,338. Nous demandons la création, dans l'espace de 10 ans, de 25 hôpitaux, construits aux frais des départements et de l'Etat. Les 25 hôpitaux devant coûter 200,000 fr. chacun, c'est une dépense de 5,000,000 qu'il faut faire en 10 ans. Ils seront placés dans 25 chefs-lieux de canton ruraux. Il n'existe pas des malades que dans les villes.

Chaque hôpital aura trois destinations : 1.º pour le service des malades ; 2.º pour la concentration des personnes indigentes qui ont besoin de recevoir des secours d'une manière permanente ; 3.º pour l'asile des soldats de l'industrie, assimilés aux militaires des armées. Le *travail* y sera organisé.

2.º Pour assurer, procurer du *travail*, nous demandons, par chaque chef-lieu de canton, un bureau de *renseignement* et *d'inscription* pour les domestiques et les ouvriers sans travail. Ce bureau sera composé de 12 membres, dont un président, un secrétaire. Il correspondra avec le bureau central placé au chef-lieu de chaque département.

3.º Il existe maintenant 7,599 bureaux de bienfaisance, nous demandons qu'il soit créé un bureau de bienfaisance par commune, ce qui en portera le nombre à 37 ou 40 mille.

4.º Nous demandons que l'Etat accorde chaque année 12 millions à distribuer entre tous les bureaux de bienfaisance. On accordait bien autrefois 20 millions de liste civile à la royauté.

5.º Nous demandons que les conseils généraux soient appelés à voter, chaque année, 2 centimes au maximum pour le soulagement des indigents, sur le vu du tableau du paupérisme départemental dressé chaque année par les soins de l'autorité locale et du préfet.

6.º Nous demandons la création d'un inspecteur par département, pour contrôler le service de la charité publique.

7.º Nous demandons un service *gratuit* de la médecine en faveur des malheureux.

8.º Nous demandons la multiplication des établissements actuels de bienfaisance dans la limite du juste et du possible.

9.º Nous demandons que le service de la charité publique soit organisé dans chaque commune, et qu'il comprenne 1.º un comité de recensement ; 2.º un comité de comptabilité; 3.º un comité chargé de la distribution des secours en masse, ou à domicile; 4.º un comité chargé des travaux à faire exécuter.

La commission de charité publique se composera d'autant de membres qu'il y en aura pour la composition du conseil municipal.

# CHAPITRE IX.

*De l'organisation locale des services de la charité publique.*

*Il est nécessaire d'entrer dans l'examen de quelques détails.*

Evidemment, lorsque le service de la charité publique sera gratuit, il sera expressément défendu de mendier ; car, très-souvent, l'individu qui a de l'inconduite et qui pourrait travailler, mais qui est lâche, sort de sa commune et s'en va ailleurs exercer le métier de mendiant.

Il ne faut pas se faire illusion. La question qui consiste à trouver le *moyen de distribuer la charité sociale à toutes les situations est très-complexe.* Elle ne peut pas recevoir une solution absolue.

Oh ! sans doute, si l'Etat disait aux indigents et à ceux qui manquent de travail : « Tenez, voilà 1 fr. par jour, arrangez-vous comme vous l'entendrez ; »

Le problème se trouverait résolu. Mais l'Etat peut-il tenir ce langage? Qu'en résulterait-il? C'est que la plupart des individus voudraient devenir pensionnaires de l'Etat, et ne voudraient plus travailler. Il est si doux de vivre sans rien faire ! Au surplus, l'Etat le voudrait-il, qu'il ne le pourrait pas. En effet, 5 millions d'individus recevant 365 fr. par an, coûteraient à l'Etat 1,825,000,000 fr., c'est-à-dire près de deux milliards. Or, l'Etat pourrait-il payer cette somme, indépendamment de son budget? et les autres membres actifs de la société y consentiraient-ils? Non, mille fois non. Donc il faut rechercher un autre moyen.

Cependant, reconnaissons-le :

Les malheureux ont droit à l'assistance sociale; les ouvriers ont le droit de vivre en travaillant, ou autrement la société ne serait ni humaine, ni juste, ni capable de prévoyance.

Sans doute, l'Etat ne peut pas ouvrir des carrières pour chaque profession, il ne peut pas se faire le rival de toutes les industries; mais, si l'Etat ne peut pas donner *directement* du travail à tous ceux qui en manquent, si l'Etat ne veut pas que chacun ait le droit absolu de lui demander du travail, néanmoins, il peut, par une combinaison de moyens et d'institutions, se tenir à la hauteur de ses devoirs vis-à-vis des individus. La création de ces institutions est précisément l'objet de la science *politique*, *sociale* et *administrative*.

*Organisation des services de la charité publique en dehors des hôpitaux et des établissements de mendicité.*

Indépendamment des personnes qui entrent dans les hôpitaux, dans les dépôts de mendicité, il existe des familles nombreuses à secourir à domicile, et dans ces familles se trouvent des enfants, des vieillards, des personnes parvenues à l'âge mûr, des individus momentanément malheureux, malades. Nous prenons le fait tel qu'il est, sans discourir sur ses causes; ce n'est pas ici le lieu. Que ce soit par le mouvement de la population qui tend à dépasser les moyens de subsistance, que ce soit par disettes, crises commerciales ou politiques, vices d'organisation économique, inconduite, maladie, âge, encore une fois, nous ne recherchons pas ici les causes; le mal existe, il faut le soigner et le guérir autant que possible.

Le service de la charité publique a pour objet deux parties de la population bien distinctes, 1.º la population agricole, 2.º la population industrielle : il faut donc adapter des institutions à chacune de ces situations.

Il est impossible de ne pas reconnaître l'importance de la charité organisée dans chaque commune : là point de frais de construction, point de dépenses pour le personnel; des secours en nature appropriés aux besoins des individus, des travaux devenant parfois productifs, et enfin, l'avantage de porter l'exercice de la charité dans toutes les familles, sous tous les toits : voilà de grands résultats.

Indiquons comment nous entendons le service de la charité dans les communes et en faveur de la *classe agricole*.

Pour plus de clarté, nous allons rédiger nos idées en articles.

*Organisation du personnel chargé dans chaque commune des services de la charité publique.*

### ART. 1.er

Il sera établi dans chaque commune une commission composée d'autant de membres qu'il y en a dans le conseil municipal; elle sera élue pour 4 ans.

### ART. 2.

La commission sera subdivisée en 4 comités : 1.º le premier comité dressera la liste des indigents ; 2.º le second comité sera chargé de procurer des travaux à ceux qui pourront travailler ; 3.º le troisième comité sera chargé d'acheter les objets nécessaires aux besoins des indigents et de les faire distribuer, soit à domicile, soit en commun ; 4.º le quatrième comité sera chargé de la comptabilité.

### ART. 3.

Toutes les opérations des commissions de bienfaisance seront soumises au préfet deux fois par an.

*Des ressources pécuniaires à affecter au service de la charité publique.*

### ART. 4.

L'*Etat* donnera chaque année une somme de 12 millions à distribuer entre les différents bureaux de bienfaisance.

### ART. 5.

La distribution des 12 millions se fera en prenant en considération le nombre des indigents inscrits, et les ressources communales.

### ART. 6.

Chaque année, il sera présenté par le Préfet un tableau du paupérisme départemental. Sur le vu de ce tableau, les *Conseils généraux* pourront voter 2 centimes au maximum, additionnels au principal des quatre contributions, pour être affectés aux besoins des indigents.

### ART. 7.

*Chaque commune* sera autorisée à voter 1 centime additionnel au principal des quatre contributions. Ce centime sera perçu sous le nom de centime de l'*indigence*.

### Art. 8.

Chaque commune possédera un bureau de bienfaisance.

### Art. 9.

Le service médical sera fait dans chaque commune auprès des indigents par le médecin choisi par la *commission de la bienfaisance*. Les honoraires du médecin et le prix des médicaments seront payés avec les ressources provenant de l'Etat, du département, de la commune, et de la charité privée.

### Art. 10.

Pour co-intéresser la Charité privée à l'œuvre de bienfaisance, il sera établi un tronc au sein de chaque église, et les prêtres feront des quêtes dans l'intérieur des églises, 12 fois par an, au profit des pauvres.

### Art. 11.

Les sommes seront versées par eux, aux bureaux de bienfaisance.

### Art. 12.

Les fonds du bureau de bienfaisance dépassant 1,000 fr. seront placés chez les percepteurs, et les percepteurs en retireront 3 p. % d'intérêts en les plaçant, soit chez les receveurs-généraux, soit à la caisse des dépôts et consignations, soit dans les banques départementales, lorsqu'elles seront constituées.

### Art. 13.

L'inspecteur d'arrondissement, nommé pour surveiller le service de la charité publique, s'entendra avec chaque commission de bienfaisance pour les travaux à faire exécuter aux indigents.

### Art. 14.

Ces travaux, dans la campagne, ne pourraient-ils pas comprendre des journées de travail sur les chemins, le battage des grains, la préparation des chanvres, la confection des bas, la filature de la soie, etc.? De cette manière, les indigents gagneraient presque pour se suffire.

# CHAPITRE X.

*Organisation des secours de prévoyance en faveur des classes industrielles.*

Il faut reconnaître qu'il est impossible à l'Etat de créer des ateliers de travail pour toutes les spécialités de l'industrie.

Indépendamment des secours, que les ouvriers auront le droit de recevoir de la part des bureaux de bienfaisance, il est encore nécessaire de créer, en leur faveur, des moyens de secours. Aussi nous disons :

### ART. 15.

Dans la sphère des ouvriers industriels, toutes les corporations réunies auront une institution de prévoyance et d'assistance par le travail et par le crédit. Cette institution sera placée au chef-lieu du département ou dans le centre industriel.

### ART. 16.

L'institution n'aura point d'autres limites que la France.

### ART. 17.

Il sera créé une caisse spéciale de prévoyance au chef-lieu du département.

*Administration.*

### ART. 18.

Il y aura, pour administrer les fonds de la caisse et pour assurer du travail aux ouvriers, une commission de 16 membres nommés par les patrons et les ouvriers de toutes les corporations réunies.

### ART. 19.

La commission sera renouvelée tous les 4 ans.

### ART. 20.

La commission des 16 aura un correspondant dans chaque chef-lieu de canton, et le correspondant de chaque chef-lieu de canton aura un correspondant dans chaque commune, pour s'occuper des soins à donner aux ouvriers malades ou sans travail : le correspondant sera le président du bureau de *renseignements* et *d'inscription.*

*Des fonds à affecter au service de la caisse de prévoyance.*

### Art. 21.

Des douze millions donnés par l'Etat, 6 millions appartiendront aux caisses de prévoyance établies pour les ouvriers de l'industrie.

### Art. 22.

Les chefs d'établissements, les patrons verseront chaque mois une somme de . . . . . en raison de leur fortune et patente.

### Art. 23.

Les ouvriers gagnant un salaire de . . . . . . . . verseront aussi, chaque mois, dans la caisse de prévoyance, une somme de 25 cent., 50 cent., 1 fr. ou 1 fr. 50 cent., etc.

### Art. 24.

Ces moyens, indépendants de ceux provenant de la commune, seront destinés à secourir les ouvriers malades, à donner du travail à ceux qui en manqueraient, à leur procurer leurs frais de route.

### Art. 25.

Lorsque la caisse publique contiendra plus de 1,000 fr., ils seront déposés dans une caisse publique, pour produire 3 p. %/₀ d'intérêts.

### Art. 26.

Il y aura un inspecteur de service par arrondissement.

### Art. 27.

Près de chaque caisse de prévoyance, il y aura un secrétaire attaché, aux appointements fixes et faisant l'office de caissier.

### Art. 28.

L'administration des secours et des moyens d'amélioration sera soumise au préfet deux fois par an.
Voilà la providence sociale constituée.

De même, que pour administrer la France, il faut subdiviser l'administration dans chaque commune ; de même, pour secourir toutes les misères, toutes les indigences, il faut subdiviser les *services* de la charité publique.

La société dit à l'individu : Marche avec toute la puissance de tes facultés, et, si tu tombes, je viendrai à ton secours.

Je préfère ces institutions de charité publique, combinées avec les caisses d'épargnes placées dans chaque chef-lieu de canton, je les préfère aux caisses de retraite qui, restreintes, ne produiront aucun bienfait ; qui, trop riches par le nombre des déposants, paralyseraient un grand capital sans se prêter à toutes les situations de l'indigence.

### ART. 29.

Les dons et les legs faits en faveur des bureaux de bienfaisance seront réglés par des lois particulières.

Autrefois, on donnait des biens aux couvents, aux églises, maintenant on les donnera aux bureaux de bienfaisance, c'est-à-dire aux pauvres ; et, dans 100 ans, les indigents pourront recevoir de grands revenus. Les établissements de bienfaisance ont reçu près de 130 millions depuis un siècle.

### ART. 30.

Désormais, il sera interdit aux corporations religieuses de recevoir des biens-fonds.

La charité privée et la charité publique marchent au même but. La charité publique n'est autre chose que la charité privée devenue institution, régularisée, élevée à une hauteur sociale.

# CHAPITRE XI.

*Question des enfants trouvés.*

Comment recueillir les enfants trouvés ? les naissances illégitimes ? Par quels moyens empêcher les infanticides ? Comment élever les enfants jusqu'à l'âge de 12 ans ? Et depuis l'âge de 12 ans jusqu'à l'âge où ils peuvent se suffire ?

Nous examinons ici une question des plus graves ; elle intéresse la morale, la civilisation, et le sort de 3 à 4 millions d'êtres. Elle coûte 12 millions par an ; car, remarquez bien que le nombre des enfants trouvés, d'un jour à 12 ans, est de 1,500 mille en France, et que ces êtres se reproduisent.

Faut-il établir des tours pour cacher des naissances illégitimes?

La présence des tours empêche-t-elle les infanticides? et excite-t-elle à la débauche, à créer plus d'enfants? Au point de vue des principes, la question est d'une solution facile. En effet, la société doit conserver tous ses membres et les élever; c'est donc pour elle un devoir de recueillir et d'élever les malheureux enfants abandonnés.

Le moyen de cacher les naissances empêche-t-il les infanticides?

Cela n'est pas douteux; car, si dans le nombre des mères, il s'en trouve qui soient assez dénaturées pour commettre le crime d'infanticide, soit qu'il y ait ou qu'il n'y ait pas de tours pour les cacher; cependant, dans le nombre des mères, il en est qui tueraient leurs enfants pour cacher leur faute, s'il n'y avait point de tours pour les recevoir, mais qui les conservent à la vie, avec la pensée qu'elles les feront déposer dans le tour d'exposition, et que leur faute sera cachée.

Mais doit-on dire que la présence des tours d'exposition excite à la production de l'espèce, en donnant aux mères le moyen facile de cacher leurs fautes?

Je ne le pense pas : toutes les fois qu'une femme succombe, soit par passion, faiblesse, séduction d'intérêt ou promesse de mariage, l'idée d'un tour d'exposition n'entre pas dans ses calculs.

Seulement, il est vrai de dire que, lorsque le moyen de porter les enfants aux tours d'exposition est difficile, bien des mères qui les eussent déposés les ont gardés avec elles.

Aussi, on conçoit ceux qui repoussent le système qui demande une salle de dépôt par commune.

D'autant plus que, s'il existait une salle de dépôt par commune, beaucoup de femmes mariées, poussées par le sentiment de la misère, y déposeraient leurs enfants légitimes.

Il en résulte que l'utilité et la moralité des tours d'exposition étant évidentes, il ne s'agit que d'en déterminer le nombre. C'est le système auquel nous nous rallions.

Par conséquent, nous nous bornons à demander que l'Etat fasse une loi pour réglementer, d'une manière uniforme, les tours d'exposition dans toute la France.

D'autant plus qu'il existe, à cet égard, la plus grande anarchie dans l'administration.

Ainsi, par exemple, 46 départements possèdent des tours d'exposition au nombre de 1, 2, 3, et 40 départements en sont dépourvus.

Si les tours d'exposition sont utiles, il faut en créer dans de justes proportions; s'ils sont inutiles, il faut les supprimer tous.

Mais quel est donc l'homme d'Etat qui proposerait d'abandonner, chaque année, aux chances de la mort, aux hasards, à l'indifférence, aux tentations du crime, 100 mille petites créatures humaines qui ne sont pas coupables du fait de leur naissance, et qui trouveront, hélas! tant de maux à supporter pendant la vie, où elles entrent privées de tout?

Non-seulement la société doit sauvegarder ses enfants, mais encore elle doit les civiliser. La question fondamentale une fois résolue, les autres parties du problème offrent moins de difficultés. De quoi s'agit-il encore?

Il faut que la loi organique et limitative des tours d'exposition décrète encore : 1.º Qu'il y aura, dans chaque département, un hospice dépositaire des enfants trouvés; 2.º il faut que, dans chaque commune, il y ait une commission chargée de pourvoir à l'admission des enfants trouvés dans les hospices de département; 3.º il faut que la tutelle des enfants trouvés, qui appartient de droit à l'État, soit réglementée et déléguée entre les mains des commissions des hospices; 4.º dans beaucoup de départements, on vote une allocation aux mères-filles pour les engager à conserver leurs enfants, il faut seulement secourir la mère à titre d'indigence, et ne pas avoir l'air de donner des primes à l'immoralité; 5.º il faut que les dépenses, pour les enfants trouvés, soient supportées par les départements et l'Etat; 6.º il faut un inspecteur de ce service par arrondissement; 7.º il faut maintenir les dispositions du décret du 19 janvier 1811, relatives à la dépense des enfants trouvés et à leur apprentissage, au-dessus de 12 ans; 8.º il faut créer, en Afrique, une exploitation agricole, avec une école des arts-et-métiers, et y placer une partie des enfants trouvés, âgés de 12 à 20 ans; 9.º il faut décider que les enfants tireront au sort dans le canton où ils auront pris naissance.

Nous ne nous occupons pas ici de l'état normal de la société, nous nous préoccupons des moyens de panser ses plaies, de corriger ses fautes. La société pure devrait être sans vices, sans ignorances, sans misères, sans infirmités; mais où est-elle? Et, pour l'obtenir au niveau de l'idéal, il n'y a rien de mieux à faire que de civiliser avec la religion, le travail, la science, les beaux-arts, le règne du droit, la liberté, la propriété et les institutions sociales.

Les causes du paupérisme sont nombreuses : le paupérisme naît souvent de l'inconduite, de la paresse, de l'égoïsme des riches, de l'insuffisance des salaires, des oscillations de la production, des maladies, d'un trop grand nombre d'enfants, du défaut de religion, d'une mauvaise administration politique, des désordres civils, de l'ignorance, d'un défaut d'institutions de charité et de crédit, d'association, d'une mauvaise récolte, etc.

Il faut distinguer les mendiants et ceux qui ont en général besoin de secours. Je me suis proposé ici de déterminer le droit des pauvres à une assistance publique régulièrement organisée; à tracer des règles pour le service des institutions de secours et de prévoyance.

J'ai cru qu'il était juste de faire participer à la dépense les communes, le département et l'Etat.

François I.er, par lettres patentes du 6 novembre 1544, avait bien institué un bureau des pauvres, composé de 13 bourgeois, nommés par le prévôt des marchands, et de quatre conseillers au parlement de Paris.

Cette commission de secours avait le droit de percevoir un impôt sur les seigneurs, les princes, les corporations, les communautés, les propriétaires, pour secourir les indigents; elle avait droit de contraindre les imposés à payer leur taxe.

On évalue à 17 millions le nombre des indigents en Europe, dont la population est de 227,454,300 habitants. En France, on ne compte pas moins de 16 à 1,700 mille pauvres.

# CHAPITRE XII.

*Dépenses faites pour le service de la charité publique.*

1.º Le nombre des établissements de bienfaisance est de 9,242.

2.º Leur dépense annuelle s'élève environ à 115,500,000 fr.

*Nombre détaillé et situation financière des établissements de bienfaisance.*

1.º 1,338 hôpitaux ou hospices, dont les revenus ordinaires s'élèvent à . . . . . . . . . . . 53,632,992 f 77 c

2.º Un hospice pour les aveugles (il renferme 220 individus). . . . . . . . 332,492 »»

3.º 7,599 bureaux de bienfaisance . . . 13,557,836 »»

4.º 46 monts-de-piété dont les prêts s'élèveraient à . . . . . . . . . . . 42,220,684 »»

5.º 39 institutions consacrées à l'éducation des sourds-muets (elles renferment 1675 individus) . . . . . . . . . . 255,503 »»

6.º 1 institution pour les jeunes aveugles. 156,699 »»

7.º 144 dépôts d'enfants trouvés, le nombre des enfants trouvés est de . . . . . 500,000 »»

40 départements n'ont point de tours d'expositions. Dépenses . . . . . . . 14,000,000 »»

8.º 37 asiles publics pour les aliénés indigents, 25 quartiers dans les hospices pour les indigents, 11 asiles privés pour les indigents; ils reçoivent des départements. . 4,826,158 75

De l'an IX jusqu'au premier janvier 1846, les dons et legs faits en faveur des établissements de bienfaisance s'élèvent à la somme de. . . . . . . . . . . . . . . 122,504,450 »»

répartie ainsi qu'il suit :

*Consulat et Empire, de l'an IX au*
*26 mars 1814.*

1.º Hôpitaux et hospices. . . . . . .  8,979,438  65
2.º Bureaux de bienfaisance. . . . . .  5,942,264  69

*Restauration de 1814 à 1830.*

3.º Hôpitaux et hospices . . . . . . .  32,358,105  75
4.º Bureaux de bienfaisance. . . . . .  18,662,668  74

*Monarchie de 1830 à 1846.*

5.º Hôpitaux et hospices . . . . . . .  31,255,815  66
6.º Bureaux de bienfaisance. . . . . .  25,3 06,156  81

Dans cette somme de . . . . . . . .  122,504,450  43

ne sont pas compris les dons et legs au-
dessous de 300 fr.; on peut les évaluer à 1
million par an.

Ce n'est pas tout, le budget renferme des
allocations spéciales pour la charité publique.

*Ministère de l'intérieur, chapitre 23.*

1.º Secours aux établissements de bienfaisance.  599,560 fr.
2.º Secours généraux aux hospices, etc. . . .  300,000
3.º Secours à des personnes dans l'indigence, etc.  677,000
4.º Secours à divers titres. . . . . . . .  500,000
5.º Secours aux sociétés de charité nationale. .  120,000

*Ministère du commerce, chapitre 19.*

6.º Secours pour pertes matérielles et événements
malheureux . . . . . . . . . . . . . . . . .1,957,000 fr.

*Récapitulation.*

Ainsi, le service de la charité publique dépense donc d'abord
un revenu de 115 millions, plus des dons et legs s'élevant chaque
année à 5 millions, et des subventions de la part des ministères
montant à 4 millions. Total 129 millions. La charité privée dépense à-peu-près pareille somme, ce qui fait 258 millions,
chaque année, affectés au soulagement des misères. C'est que, en
France, il y a 1,783,673 indigents et 4 à 5 millions de Français
de tout âge et de tout sexe, en proie aux angoisses du paupérisme.

Je laisse à d'autres le soin de guérir, de supprimer le paupérisme avec un coup de plume. Mais je dis: le mal existe, il
faut le soulager aussi efficacement que possible.

Eh bien! je n'hésite pas à affirmer que si, au lieu d'y avoir 7,599 bureaux de bienfaisance, il en existait 37,000, c'est-à-dire un par commune, que si on organisait des commissions de secours dans chaque commune et des institutions de prévoyance en faveur des prolétaires, on obtiendrait d'immenses résultats. En fait d'institutions de secours, vous ne ferez que des choses très-impuissantes, tant que vous n'aurez pas établi une institution de charité publique dans chaque commune. C'est là où il faut fonder.

D'un autre côté, une fois les institutions fondées, les dons et legs les enrichiront, et l'Etat pourra, chaque année, leur accorder 10 à 12 millions.

Après un certain nombre d'années, les pauvres de la République auront des propriétés nationales, des revenus; la charité s'élèvera comme une branche bienfaisante où viendra s'abriter le malheur; cette propriété sacrée passera d'âge en âge, sans pouvoir être aliénée. La sagesse humaine fera seulement l'emploi des revenus en faveur de ceux qui le méritent.

Enfin, si la suppression du paupérisme est un charlatanisme, au moins est-il permis d'espérer que le bien-être se généralisera de plus en plus.

En matière d'institutions de bienfaisance, on ne voit que des améliorations, des perfectionnements, des généralisations à opérer; il faut marcher avec le temps. Ce n'est pas sur ce terrain où se font les révolutions, les transformations sociales; car, encore une fois, il ne s'agit, en matière de charité, que de secourir, que de soulager.

Ce n'est pas le sabre qui fonde. Chaque institution contient un ensemble d'idées, de même qu'une machine de la mécanique n'est qu'une combinaison d'idées. La civilisation n'est autre chose que la vérité dans la religion, dans les beaux arts, dans les arts mécaniques, dans le droit, dans les institutions sociales, dans l'Etat, dans les sciences, dans la vie morale, dans l'organisation des pouvoirs administratifs, judiciaires et politiques.

FIN.

# TABLE DES MATIÈRES.

### CHAPITRE VI.



### CHAPITRE VII.



## DEUXIÈME PARTIE.

### CHAPITRE VIII.



### CHAPITRE IX.



### CHAPITRE X.



### CHAPITRE XI.

www.ingramcontent.com/pod-product-compliance
Lightning Source LLC
Chambersburg PA
CBHW061620060726
47597CB00005B/1737